De Montluçon à la Mer

VINGT JOURS

A

SAINTE-MARGUERITE

Près PORNICHET (Loire-Inférieure)

Par le Commandant FARGIN-FAYOLLE

PRIX : 1 fr. 50

MONTLUÇON
IMPRIMERIE HERBIN
—
1900

De Montluçon à la Mer

VINGT JOURS

À

SAINTE-MARGUERITE

Près PORNICHET (Loire-Inférieure)

Par le Commandant FARGIN-FAYOLLE

MONTLUÇON
IMPRIMERIE HERBIN
—
1900

DE MONTLUÇON A LA MER

VINGT JOURS

A

SAINTE-MARGUERITE

Près PORNICHET (Loire-Inférieure)

Septembre 1899.

Je suis rentré, le 20 août, d'un voyage dans les Cévennes et aux gorges du Tarn ; cette excursion en montagnes, par des chaleurs vraiment sénégaliennes m'avait un peu fatigué. Aussi c'est avec plaisir que je prends le repos complet du corps et de l'esprit, tout en savourant le calme de la vie de famille. Je n'ai pas longtemps à jouir de cette douce tranquillité, car nous devons partir le 25 août pour aller à la mer. Impossible de partir plus tôt, à cause de mon excursion aux Cévennes d'abord, et puis l'hôtel de la Plage Sainte-Marguerite, où nous devons aller, est bondé de baigneurs et ne doit se vider qu'à la fin du mois. Donc, le 25 août, à 5 heures du matin, lever général, les enfants ne se font pas prier : ce voyage à la mer les transporte. Je m'occupe de ne rien oublier ; ce qu'il faut à la mer, c'est du linge, beaucoup de linge, car on ne doit pas compter sur les blanchisseuses.

25 Août

Nous partons exactement à 6 heures et demie.

Le temps est superbe et nous pouvons très bien jouir du

paysage qui se déroule sous nos yeux, c'est l'agrément des trains omnibus. Nous avons bientôt perdu de vue Montluçon dont nous n'apercevons plus que les fumées et nous arrivons à La Chapelaude (1.400 habitants), jolie commune plaquée sur une colline; les maisons s'y étagent en ordre dispersé, toutes de formes différentes ; au centre, la vieille église en pierres rouges du pays, le tout entouré de vignes verdoyantes et éclairé par un beau soleil. Nous contournons le village par une courbe savante et nous quittons le pays vignoble pour entrer dans les bois : le paysage est plus sévère.

Eglise de Saint-Désiré (Allier).

Voici Courçais, la gare est sur la route, seule, à 3 kilomètres du village qui donne son nom à la station : nous apercevons à travers les arbres la flèche pointue du clocher et les toits des maisons ; nous sommes dans la région des arbres fruitiers et des châtaigniers, ils sont magnifiques. Nous arrivons à Saint-

Désiré, commune de 1.300 habitants, canton d'Huriel, nous pouvons admirer la jolie église romane (monument historique), toute rose, qui est unique en son genre. Je n'en connais pas de plus jolie, il y a sous le chœur une crypte fort belle.

Nous quittons l'Allier pour entrer dans le Cher, et la première station est très pittoresque : Culan, commune de 1.600 habitants ; en arrivant on admire le pont en courbe sur l'Arnon et au-dessus le vieux château féodal du XVe siècle (monument historique), c'est un très beau coup d'œil. Nous arrivons ensuite à Châteaumeillant, chef-lieu de canton, 3.900 habitants, sur la Sinaise, bâti dans l'enceinte d'un camp romain. Châteaumeillant est sur la voie romaine qui reliait Néris à Argenton. On y admire les restes d'un vieux château et une église romane (monument historique), très curieuse avec ses sept absides.

Château et Ponts de Culan (Cher).

Après un arrêt à Champillet, gare de bifurcation sur la ligne de la Creuse, nous voilà à La Châtre, chef-lieu d'arrondissement de l'Indre, 5.000 habitants, sur la rive gauche de l'Indre ; au centre de la ville, un très beau square où se voit une très belle statue en marbre blanc de George Sand (1804-1876) l'illustre écrivain, par Millet. L'église est peu remarquable ; il existe encore une tour carrée, reste de château de Lachâtre, et enfin la belle promenade de l'abbaye qui domine la vallée. Nous traversons successivement les stations de Nohant avec l'ancien château de George Sand, Mers, Ardentes, et nous arrivons à Châteauroux à 9 heures — deux heures d'arrêt. Nous en profitons pour visiter la ville.

Châteauroux est une préfecture de 25.000 habitants, elle a pris beaucoup d'importance et s'est fort embellie depuis la guerre ; des fabriques, des filatures, des manufactures de drap et une manufacture de tabacs, en font une ville commerçante et de mouvement. De très belles églises, le château Raoul du XVe siècle qui sert de préfecture et qui a donné son nom à la ville, la statue du général Bertrand, bronze par Rude, sur la place Sainte-Hélène. Nos deux heures sont vite écoulées et nous partons dans le même wagon pour Tours, à 11 h. 1/4. La route est agréable à voir ; ce ne sont pas encore les bords fleuris de la Loire, mais de jolies habitations, des cultures soignées ; nous traversons successivement et rapidement Buzançais, Clion-sur-Indre, Châtillon-sur-Indre, Fléré-la-Rivière et nous arrivons à Loches, que nous regrettons de ne pouvoir visiter, car la visite en vaut la peine. Je l'ai faite il y a plusieurs années et j'aurais été heureux d'en faire profiter les miens.

Loches, sous-préfecture de 5.000 habitants, est une des villes les plus intéressantes et les plus pittoresques, non seulement de la Touraine, mais encore de la France. Elle est située sur les coteaux de la rive gauche de l'Indre, et domine une large vallée où la rivière, divisée en plusieurs bras, alimente de nombreuses et importantes usines.

L'histoire de Loches serait très intéressante, mais beaucoup trop longue à raconter ici ; c'est une ville très ancienne, de fondation romaine, qui possède de très beaux monuments : son Hôtel de Ville, charmant édifice de la Renaissance, et de nombreuses maisons du même style. Son château, de l'an 1000, une des plus importantes forteresses de la France, est bâti sur une colline séparée de la ville, l'enceinte a près de 2 kilomètres de circonférence, des rues occupées par des maisons particulières ont été tracées à l'intérieur.

Au sud de cette enceinte est le Donjon, un des plus puissants ouvrages militaires du moyen-âge ; on peut le visiter avec un gardien. Ce Donjon servait de prison d'Etat sous Louis XI, il renfermait les fameuses cages de fer inventées par le cardinal La Ballue qui en fit le premier l'essai. La Tour Saint-Antoine, style renaissance. L'église de Saint-Ours du Xe ou XVe siècle, monument d'une étrange et sauvage beauté, est un édifice unique au monde. Le château Royal, actuellement la sous-préfecture. L'oratoire d'Anne de Bretagne, le tombeau d'Agnès Sorel et l'abbaye de Beaulieu. Il faut une journée entière au moins pour visiter tous ces beaux monuments.

Nous filons sur Tours à bonne allure ; nous remarquons en passant à Montbazon, au sommet d'un côteau, un donjon de forme rectangulaire, surmonté d'une grande statue en bronze de la Vierge. A 2 h. nous arrivons à Tours ; nous admirons la nouvelle gare, fort belle et très spacieuse ; nous devons changer de train pour Nantes et nous avons une heure d'arrêt. J'ai le temps de vous décrire Tours, que j'ai visité plusieurs fois.

Tours, chef-lieu du département d'Indre-et-Loire, archevêché, siège du 9e corps d'armée, 63.000 habitants, entre la rive gauche de la Loire et le Cher, avant leur confluent. C'est une ville gaie, animée, élégante, une des plus agréables de France. Elle se présente en façade sur la Loire, bordée de beaux quais ombragés sur les deux rives. Elle possède de très beaux monuments : sa cathédrale du XIIe siècle a trois portiques surmontés de deux tours couronnées par des dômes (Renaissance) de 70 mètres de haut; à l'intérieur, d'admirables vitraux. On peut monter à la Tour du Nord d'où on a une vue admirable sur la ville et la vallée de la Loire. La basilique de St-Martin, renfermant le tombeau de saint Martin, voit chaque année de nombreux pèlerins attirés par l'espoir d'une guérison. En face, la Tour Charlemagne. A l'extrémité de la rue Nationale, la place de l'Hôtel-de-Ville, décorée de parterres, où on peut voir la statue de Rabelais et celle de Descartes. Dans l'intérieur de la ville de nombreuses maisons Renaissance, des rues larges, spacieuses, de beaux boulevards plantés d'arbres, en somme une très belle ville où on peut passer plusieurs jours très agréablement.

Nous partons à 2 h. 50, notre train est express et nous avons la chance de ne plus changer jusqu'à notre destination, Pornichet, à 9 h. 10 minutes.

Il fait un temps magnifique et nous pouvons admirer tout à notre aise ce splendide pays, si riche, si fertile et si justement nommé le Jardin de la France. Nous traversons le canal du Cher à la Loire, qui commence à Montluçon ; un peu après nous franchissons la Loire, que nous aurons dorénavant toujours à notre gauche; le confluent du Cher est là, tout près, à Savonnières. C'est ensuite un défilé, à droite et à gauche, de châteaux anciens et modernes, de jolies villas et maisons de campagne entourées de parcs verdoyants. Tout cela passe sous nos yeux trop rapidement.

4 heures. Nous arrivons à Saumur. 5 minutes d'arrêt. Saumur! quels souvenirs pour un vieux cavalier ! Nous apercevons le vieux château du XIe siècle et l'Ecole de cavalerie ; nous filons

Pierre percée, le phare des Charpentiers qui indique aux bateaux l'entrée de St-Nazaire, et à l'horizon, Noirmoutiers. A notre droite, c'est-à-dire à l'ouest, la Baule, le Poulignen, Bourg de Baty et les rochers de Peuchâteau ; de nombreux bateaux de pêche sillonnent la mer toutes voiles déployées, des paquebots à vapeur entrent et partent de St-Nazaire. Tout cela forme un ensemble merveilleux qu'on ne se lasse pas d'admirer.

Ste-Marguerite. — L'hôtel, le boulevard et la plage.

A Ste-Marguerite pas de gêne ni d'étiquette, mais bien au contraire une liberté, une tranquillité complètes. L'Hôtel Ste-Marguerite est au centre de la plage, à cent mètres de la mer, que l'on a constamment sous les yeux, de la terrasse, de la salle à manger, du salon et des chambres ; deux pavillons, un corps de bâtiment, en tout vingt-cinq mètres de façade, trois étages, cinquante lits, une terrasse vitrée fort agréable en tout temps.

Les touristes trouvent dans cet hôtel tout le confortable et le bien-être qu'ils peuvent désirer et à des prix très convenables : 12, 10 et 8 fr., tout compris, suivant les étages. Quand on arrive nombreux, en famille, on s'arrange très bien avec M. et Mme Flaegel, les gérants de l'hôtel qui sont très aimables et très complaisants. La clientèle se compose en majorité d'Anglais et d'Américains ; la vie n'est pas désagréable avec eux : ils ne s'occupent pas de vous, et naturellement on leur offre la réciproque ; on vit les uns près des autres sans chercher à se connaître, comme à Paris ; on est plus libre de ses mouvements. Derrière l'hôtel, un bois de pins traversé par la route de St-Nazaire à Pornichet. De très jolies villas, presque toutes habitées par des familles, sont bâties dans le bois et sur la route, avec vue sur la mer, les approvisionnements y sont faciles, grâce à la proximité de St-Nazaire (11 k.) et de Pornichet (4 k.), les fournisseurs viennent tous les jours, avec leurs voitures, apporter les provisions.

Après déjeuner nous retournons à la plage ; les enfants avec leurs pelles et leurs seaux, les jambes et les bras nus, la tête couverte d'un large chapeau de paille pour les garantir du soleil, se mettent au travail ; ils élèvent un fort qu'ils entourent de fossés, attendant avec anxiété que la marée vienne envahir ce beau travail et le démolir, puis ils creusent un étang, percent un tunnel, etc., etc., tout, enfin, ce que leur petite intelligence peut imaginer, et cela, sans danger, sans fatigue, en respirant ce bon air salé de la mer. Pendant ce temps-là, leur mère les surveille tout en travaillant et en causant avec moi.

Nous avons oublié les fatigues de notre voyage devant ce beau spectacle de la mer sans bornes, qu'on ne peut se lasser d'admirer, on reste là des heures entières sans fatigue, sans ennui.

Victor Hugo, notre grand et immortel poète national l'a

chantée, cette mer, elle lui a inspiré des vers admirables ; je ne puis résister au plaisir d'en citer une strophe :

Où sont-ils les marins sombrés dans les nuits noires ?
O flots que vous savez de lugubes histoires !
Flots profonds, redoutés des mères à genoux !
Vous vous les racontez en montant les marées,
Et c'est ce qui vous fait ces voix désespérées
Que vous avez le soir quand vous montez vers nous !

(*Les Rayons et les Ombres*, *1836*)

Ste-Marguerite à marée basse.

A 5 heures, nous rentrons à l'hôtel nous préparer pour le dîner ; les enfants sont enthousiasmés de cette bonne journée et l'assurance de recommencer demain et jours suivants les ravit ; ils vont se coucher de bonne heure, nous aussi, car il n'y a ici ni casino, ni jeux, ni musique ; une promenade sur la terrasse après dîner et on s'en va dormir très profondément.

27 Août.

Le soleil qui envahit nos chambres nous invite à nous lever. Encore une belle journée ; après le petit déjeuner du matin que nous prenons sur la terrasse, avec la mer sous nos yeux, nous retournons sur la plage passer notre matinée; les enfants, armés de leurs filets, vont pêcher les crevettes. Quels cris de joie quand ils ont pris une de ces jolies petites bêtes ! ils en ramassent de quoi faire un plat pour notre déjeuner; toutefois je dois dire que leur mère les a un peu aidés, mais c'est bien permis.

Aussitôt après déjeuner nous montons en voiture pour aller à Pornichet prendre, à 1 heure, le petit trait d'union, chemin de fer Decauville; nous arrivons à l'heure. Charmant, ce petit trajet le long de la mer que l'on va cotoyer pendant 14 kilomètres. En dehors de ses arrêts officiels, le petit train s'arrête très aimablement en cours de route pour prendre les voyageurs qui l'attendent au passage ; c'est dimanche, aussi le train est bondé ; mais chacun y met de la complaisance ; on se serre un peu plus ; en 20 minutes nous arrivons à la Baule, où le train venant du Pouliguen se croise avec le nôtre, ils partent toutes les heures. Arrêt de cinq minutes ; nous avons le loisir d'admirer la plage ; de nombreux enfants jouent dans le sable fin et doré sans souci de la mer qui vient leur lécher les pieds ; les parents lisent ou travaillent en causant sous des petites tentes grises, rayées de rouge.

Un long boulevard, de 500 mètres au moins, borde la plage, et de nombreux chalets, une centaine environ, tous plus coquets les uns que les autres, s'alignent le long de ce boulevard ; derrière, une forêt de pins à la senteur vive et pénétrante, le joli bois d'Amour, que traverse la route de Pornichet au Pouliguen ; à l'extrémité du boulevard, du côté de Pornichet, sur la mer, le Grand Hôtel de la Baule, tenu par M. et Mme Robert, très confortable.

La Baule. — Le boulevard et la plage.

Notre petit convoi se met en mouvement ; nous longeons toujours la mer et nous admirons à notre droite les ravissants chalets qui semblent placés là pour le plaisir des yeux ; à 1500 mètres environ, l'Institut Verneuil, immense construction de plusieurs étages au milieu des pins ; l'Institut Verneuil, ainsi nommé en souvenir de la collaboration active et dévouée de l'éminent professeur, a été construit par la Société des Instituts marins et inauguré en 1896 ; on y soigne les enfants anémiés, lymphatiques, d'une croissance difficile, qui ont besoin de l'air de la mer prolongé et de soins hygiéniques spéciaux.

On ne saurait concevoir une meilleure installation. Nous voici en vue du Pouliguen ; nous passons devant le Grand Hôtel de la plage, très confortable et très bien situé, et nous arrivons. Le Decauville s'arrête devant l'étier (canal qui conduit l'eau de la mer dans les marais salants) ; nous le traversons dans le bac, cent mètres environ. Je crois, ma parole, qu'une dame près de moi a des envies d'avoir le mal de mer ; certainement que si la traversée durait vingt minutes au lieu de deux environ, elle s'offrirait ce petit agrément. Nous débarquons sans accident ; c'est fête aujourd'hui, il y a des régates ; nous les voyons partir, mais j'avoue franchement n'y prendre pas un très vif intérêt ; je n'y connais rien, d'abord, et puis toutes ces petites barques à voiles blanches déployées filent comme le diable, elles ont bientôt fait de disparaître à nos yeux, et ne sont plus que des points imperceptibles à l'extrême horizon. La plage est petite, mais bien abritée des vents d'ouest ; des centaines d'enfants jouent dans le sable.

Le Pouliguen. — Le port.

Le Pouliguen, 1.200 habitants, doit sa prospérité rapide à la beauté et à la sécurité de sa plage, à son parc ombragé, aux nombreuses excursions que l'on peut faire dans les environs par mer, par terre et par voie ferrée. A 500 mètres environ, en suivant la plage, on arrive à la pointe de Peuchâteau ; c'est alors le spectacle de la grande mer, de la mer sauvage, qui vient se briser en mugissant sur d'énormes rochers ; dans les fortes marées, c'est là le rendez-vous des baigneurs. De Peuchâteau on peut se rendre à Bourg-de-Batz en suivant la plage, mais il faut avoir le pied sûr et ne pas craindre le vent, le trajet est d'une heure au moins. Le petit trait d'union (Decauville) nous ramène à Pornichet en 50 minutes, et de là nous rentrons à pied à Ste-Marguerite en suivant la plage de Bonne-Source; nous retrouvons avec grand plaisir notre jolie plage et notre hôtel si coquet et si confortable et où nous sommes si bien.

28 Août.

Encore une belle journée; nous passons notre matinée sur la plage et après déjeuner nous allons visiter Pornichet; nous faisons la route à pied en suivant la plage de Bonne-Source (3 k.) : de jolies villas tout le long; des sœurs de je ne sais plus quel ordre,— il y en a tant — tiennent là un véritable hôtel, où elles ne reçoivent que des femmes, bien entendu, et pas pour rien. Nous voilà au vieux Pornichet, qui n'est pas commune et dépend de St-Nazaire (14 kilom.) ; trois hôtels, celui des Princes, des Etrangers et de Pornichet, quelques cafés, des épiciers, des bouchers, le bureau de poste et la gendarmerie, tout cela en bordure sur l'Etier qui servait à amener la mer dans les marais salants. Presque toujours à sec, pendant la belle saison, ce ruisseau était le réceptacle de toutes les immondices et de toutes les ordures, un véritable foyer pestilentiel de maladies; l'an dernier il a été couvert et les marais salants desséchés, c'est une belle réparation qui assainit Pornichet et fait le plus grand honneur à ceux qui ont entrepris et mené à bien ce travail. A l'extrémité de la plage, devant l'Hôtel de Pornichet, le garage du Decauville ; c'est de là que part toutes les heures (de 7 h. du matin à 7 h. du soir) le tramway qui va au Pouliguen en suivant la plage (14 kilomètres).

La gare de Pornichet est à 1 kilomètre environ du vieux Pornichet ; elle est située dans ce qu'on appelle le nouveau Pornichet, lequel n'est pas commune non plus et fait partie de la commune d'Escoublac, situation bizarre et fâcheuse ; depuis plusieurs années déjà, l'ancien et le nouveau Pornichet demandent à former une seule et même commune ; le Conseil Général a émis un avis favorable. Le simple bon sens indique bien, sans qu'il soit besoin d'entrer dans des détails, les avantages qui en résulteraient pour l'intérêt général, et les inconvénients journaliers considérables causés par une semblable situation. Eh bien ! les lenteurs administratives sont telles, dans notre beau pays de France, que les habitants attendront longtemps encore une solution.

Le nouveau Pornichet ou Pornichet-les-Pins se compose de l'Hôtel du Casino, immense caravansérail de 140 chambres, avec une salle de spectacle, des jeux et des petits chevaux, de l'Hôtel de la Plage, d'une chapelle et d'un bois de pins parsemé de villas louées aux baigneurs.

La plage de Pornichet est une des plus belles de France ; on aperçoit la Baule, le Pouliguen et la pointe de Peuchâteau situés dans la baie splendide dont Pornichet forme l'extrême pointe sud. Nous faisons quelques emplettes et nous rentrons à Sainte-Marguerite pour le bain. Quand nous arrivons, une douzaine de baigneurs de tout âge et de tout sexe s'ébattent au milieu des vagues ; nous nous empressons d'aller les rejoindre ; on éprouve un bien-être indéfinissable après un bain de quelques minutes.

Le soir après dîner nous allons nous promener dans le bois de pins ; il y fait très bon ; une promenade de trois quarts d'heure et nous allons nous coucher ; on s'endort vite ici, bercé par le bruit rythmé des vagues.

Ste-Marguerite. — Les Chalets Mercier.

29 Août

Décidément, nous avons de la chance, encore une très belle journée ; nous allons passer notre matinée sur la plage, c'est un plaisir dont on ne se lasse pas. Après déjeuner, nous allons en bande, et à pied, bien entendu, jusqu'à Saint-Marc (3 kil.), en suivant la côte ; nous passons devant la pointe de Chémoulin, où il y a un sémaphore ; c'est l'entrée de la Loire ; nous apercevons très distinctement la rive gauche du fleuve, la pointe de Saint-Gildas, Saint-Michel et Saint-Brévin. Saint-Marc est une toute petite plage, toute mignonne, une vraie plage de poupée, une petite jetée pour les embarquements, un sable fin et doré, le tout encadré par de magnifiques rochers. De très jolies villas, l'Hôtel de l'Océan, sur la plage ; on trouve tout le nécessaire à Saint-Marc : épicier, boulanger, boucher, bureau de tabac. Deux fois par jour, une voiture fait le service de Saint-Nazaire (8 kil.). Ça n'est pas une plage mondaine, et on peut classer Saint-Marc dans les petits trous pas cher.

Nous revenons par la route qui date de l'an dernier ; elle descend en pente douce jusqu'à la mer, à travers le bois de Sainte-Marguerite, bois de pins précieux, car, en raison de la proximité de l'Océan, on pourrait s'attendre à ne trouver aucune végétation. Nous admirons cette situation exceptionnelle de Sainte-Marguerite, adossée à ce bois de pins ; il est évident que l'air fortifiant et salé de la mer, mélangé aux exhalaisons saines des pins, fait de Sainte-Marguerite un endroit des plus salubres, en même temps que la bienfaisante influence des courants chauds la gratifie en hiver d'un climat doux et tempéré. Nous trouvons le tennis très animé ; une famille anglaise l'occupe jusqu'à l'heure du bain, c'est un plaisir de les voir jouer.

30 Août.

Nous devons aller à Guérande après déjeuner.

Le matin je vais à Pornichet à pied, avec le petit Roch, chercher mon journal : il faut bien se tenir au courant de ce qui se passe ; nous revenons en suivant la plage de Bonne Source.

A midi nous partons en voiture pour aller à Guérande : 15 kilomètres à faire. Nous passons par Pornichet, Escoublac, Ville-Neuve, route sans aucun intérêt, et à 1 heure et demie nous sommes dans le faubourg St-Michel, en dehors de l'enceinte ; nous y remarquons l'hôpital St-Louis, avec son clocher carré, flanqué de tourelles, et le Petit Séminaire. On est vraiment tout étonné de se trouver en face de cette enceinte fortifiée du Moyen-âge, recouverte d'énormes plantes grimpantes, avec des fossés pleins d'eau (côté Nord), des tours et des remparts crénelés, le tout datant du 14e siècle.

Guérande. — Porte St-Michel.

Nous entrons par la porte Saint-Michel (Est), défendue par deux tours élevées et imposantes, où sont la Mairie et la Prison; nous suivons une rue étroite; à droite et à gauche des magasins très propres et très bien fournis; nous arrivons sur la place devant l'église Saint-Aubin ; notre voiture va se remiser pendant que nous visiterons la ville ; nous commençons par l'église, une vraie cathédrale, bâtie au XII° siècle, des vitraux de toute beauté, une chaire et les stalles du chœur en bois sculpté, tout cela formant un ensemble très digne d'attirer l'attention des visiteurs.

De là nous allons voir la chapelle Notre-Dame de la Blanche, construite en 1340 ; c'est un gracieux édifice, long de 24 mètres et large de 7 mètres : la décoration en est moderne. Nous sortons de la ville par la porte Vannetaise (au Nord), flanquée de deux grosses tours couvertes de lierre ; nous longeons les remparts et nous arrivons à la porte Bizienne (Ouest). De là nous avons un magnifique panorama ; en face de nous, plein Ouest, les marais salants, le bourg de Batz et la mer immense qui ferme l'horizon ; au Nord le Croisic et Pembron, dont les toits brillent au soleil ; au Sud le Pouliguen.

Nous continuons notre promenade et nous arrivons à la porte Saillé, une simple arcade ; de là, par une très belle promenade formant terrasse, nommée le **Mail**, plantée d'arbres énormes, nous revenons à la porte St-Michel. Nous avons fait la visite de la ville et le tour des Remparts ; il est 2 heures et demie, les enfants vont se restaurer chez un pâtissier et nous repartons vers 3 heures, par la route de Saillé, le Pouliguen.

Nous regrettons de ne pouvoir aller à Piriac (10 kil.) ; il faut 4 heures, aller et retour, pour cette excursion ; il aurait fallu venir déjeuner à Guérande à 11 heures et en partir à midi. Piriac est un petit port d'échouage protégé par une courte jetée en pierre ; une très jolie plage, des rochers gigantesques, des grottes magnifiques en font tout l'attrait ; il y vient quelques baigneurs.

Nous arrivons au village de Saillé vers 3 heures et demie. 800 habitants, tous paludiers. Les mariages s'y font encore dans le costume traditionnel; nous sommes au centre des marais salants qui occupent, entre le Croisic et le Pouliguen, environ 2.000 hectares; ils sont alimentés par l'étier du Pouliguen. Dans ces marais on recueille le sel à la suite de l'évaporation de l'eau de mer. Les paludiers sont ceux qui établissent les canaux et bassins, les entretiennent et récoltent le sel; c'est en été, de juin à septembre, quand le soleil évapore le plus vivement l'eau, que se fait la récolte du sel. Le reste de l'année, on entretient les digues et rigoles.

Nous arrivons au Pouliguen vers 4 heures; nous traversons la voie ferrée à la gare; nous voilà dans la ville, nous suivons la route jusqu'à l'étier que nous traversons sur un pont et, par une route superbe, bien entretenue, nous arrivons en vingt minutes à la Baule (gare) environ à 500 mètres de la plage. Nous entrons ensuite dans le fameux bois d'Amour, 2 kilomètres 500 environ, un vrai parc; il fait délicieux dans ce joli bois, si bien nommé; c'est le rendez-vous des cyclistes; nous en rencontrons à chaque instant.

En quittant le Bois d'Amour, nous passons la voie ferrée (Saint-Nazaire-le Croisic) sous un pont et nous traversons le nouveau et l'ancien Pornichet dans leur plus grande longueur; vers 6 heures nous rentrons à Sainte-Marguerite, tous enchantés de notre promenade.

31 Août. Jeudi

Décidément, nous sommes voués au beau temps; encore une journée qui s'annonce bien. Nous ne quitterons pas Sainte-Marguerite aujourd'hui; nous nous reposons, la mer est calme, unie comme une glace; nous passons la matinée sur les rochers et l'après-midi dans la forêt de pins: il y fait délicieusement bon dans ces pins, au grand coup de la chaleur, de 1 à 4 heures. Le soir après dîner nous nous promenons plus d'une heure sur le boulevard, le long de la mer, on respire à pleins poumons; on aperçoit les feux des phares qui brillent de couleurs différentes, et toujours ce bruit des vagues; c'est un spectacle dont je ne me lasse pas.

1er Septembre. Vendredi.

Encore une belle journée; comme d'habitude nous passons notre matinée sur la plage. Après déjeuner, je m'en vais à pied à Pornichet pour y prendre le petit trait d'union; j'arrive à temps pour le départ, 1 heure. Les enfants ont préféré jouer sur la plage et leur mère reste avec eux.

En 50 minutes nous arrivons au Pouliguen; je me dirige sur Batz, à pied bien entendu, 4 kilomètres seulement. Je fais le chemin en 3/4 d'heure sans me presser: il n'y a à voir que des marais salants; on dirait que la plaine est inondée, si ce n'était de nombreuses meules (mulons) de sel qui brillent au soleil. Bourg de Batz est une très ancienne ville (2.500 hab.), qui date des Romains, bâtie sur un escarpement granitique qui forma jadis une île. Les amoncellements des sables de la Loire et les oscillations de la côte l'ont réunie au continent.

Peu à peu l'espace compris entre la mer et la terre ferme s'est transformé en marais. Les habitants sont tous pêcheurs ou sauniers; ils se prétendent d'origine scandinave et pendant de longues années ils ont formé une colonie à part, n'ayant aucun rapport avec les localités voisines. Leur honnêteté proverbiale faisait dire qu'une boule lancée au hazard ne pouvait manquer de s'arrêter devant la maison d'un honnête homme. L'église, du XIIIe siècle, avec une tour carrée de 60 mètres de haut, surmontée d'une tourelle octogonale et flanquée de quatre clochetons pointus, sert de guide aux navigateurs.

En sortant de l'église, je vais au restaurant Maurice, qui est en face, très curieux à voir: la salle à manger est tapissée d'armes, de vieilles faïences, de curiosités du pays, de tableaux laissés par des maîtres en souvenir de leur passage ou de leur séjour. Il y a aussi un livre d'or très intéressant à parcourir ; on y voit les signatures d'artistes célèbres. Je vais ensuite au Marché, où j'admire toute une collection d'anciens costumes, et je me rends, par une allée ombragée, à la plage fort agréable avec son sable fin et doré ; on y jouit d'une très belle vue ; à une centaine de mètres se dresse la Pierre-Longue, menhir de plus de deux mètres de haut. Ma visite est terminée.

Je rentre au Pouliguen par le train 11, et de là à Pornichet par le petit Decauville. Je reprends mon train 11 et à 6 heures je suis à Ste-Marguerite. Les enfants ont pris leur bain et il n'y a qu'à les regarder pour voir qu'ils sont heureux de vivre. Le temps se couvre, nous aurons de l'eau sûrement cette nuit.

2 Septembre, Samedi

Il a plu toute la nuit, et il pleut encore quand nous nous levons, à 7 heures ; le temps est très rafraichi ; nous en profitons pour faire notre correspondance et lire les journaux. Bien ennuyeux, les journaux : toujours l'Affaire D.., rien que cela, le rendu-compte de la séance du Conseil de Guerre de Rennes suivi, bien entendu, de réflexions plus ou moins justes. Ne connaissant pas le dossier secret, je me garderai bien d'émettre mon opinion ; mais je m'incline d'avance devant le verdict du Conseil de guerre, quel qu'il soit. Et puis finissons-en avec cette Affaire D. qui n'a que trop duré. Combien de lois très urgentes sont en souffrance et attendent une solution. Qu'on en finisse et surtout qu'on n'en parle plus.

La pluie a cessé, nous aurons du soleil l'après-midi, néanmoins la mer est forte et nous admirons de la terrasse ces vagues énormes, à crêtes blanches, qui arrivent sur nous en hurlant et se répandent à nos pieds pour recommencer aussitôt. Nous profitons du beau temps pour aller nous promener jusqu'au village de St-Sébastien (2 k. 500)

3 Septembre. Dimanche.

Un soleil radieux nous annonce une très belle journée, et nous invite à descendre sur la plage, ce que nous faisons vivement. Les enfants sont enchantés d'aller reprendre leurs jeux, de travailler avec leurs pelles, de pêcher les crevettes les bras et les jambes nus. Nous déjeunons à 11 heures pour pouvoir aller prendre à Pornichet le train de 1 heure et demie qui nous amène au Croisic à 2 heures.

En sortant de la gare, à droite, le Mont-Esprit, butte artificielle qui fut élevée pendant l'hiver rigoureux de 1816, pour donner du travail aux ouvriers malheureux. C'est une sorte de Jardin public, on accède au sommet par des chemins en lacet qui aboutissent à une plate-forme, d'où on a une très belle vue sur la baie et surtout sur les marais salants avec leurs innombrables mulons ou tas de sel. Nous suivons ensuite les quais le long du port, jusqu'à la jetée du Tréhic, qui a 1 kilomètre de long et où se trouve un phare.

A l'extrémité de la jetée, et à notre droite, la presqu'île de Pembron, traversée de quelques minutes, 400 mètres environ. Dans un ancien magasin à sel, M. Pallu, un homme de bien, a fondé un vaste hôpital maritime, reconnu d'utilité publique en 1893, pour les enfants débilités et scrofuleux des deux sexes. Grâce au bon air salé de la mer, à la température toujours tiède, et surtout grâce à des soins dévoués et intelligents, on est arrivé à faire à Pembron des cures vraiment merveilleuses, inespérées. Voilà une œuvre utile et digne de tous les encouragements.

Beaucoup de mouvement dans le port, surtout au moment de

arrivons à temps pour monter dans le bateau, déjà garni de passagers, 150 environ.

Nous dérapons à 7 heures très exactement ; on se case facilement, chacun à son gré ; la mer est très belle et on file rapidement ; nous tournons la pointe de Peuchâteau et nous sommes bientôt en pleine mer ; nous perdons la terre de vue ; on cause, on rit, on fume ; personne n'a envie d'être malade par ce beau temps, à peine si un léger tangage, très régulier, agite le navire. Vers 9 heures nous arrivons à la hauteur de l'île d'Houat, une miniature d'île, longue de 4 kilomètres sur 500 mètres ; sa voisine Houëdic, que nous apercevons, est encore plus petite : 2 kil. de long sur 1 kil. de large.

Ces deux petites îles ne sont pas des stations balnéaires, mais simplement des buts d'excursions, encore faut-il être bien décidé à faire la traversée, 2 heures en barque de pêcheur. Les îles d'Houat et de Houëdic dépendent administrativement de la commune du Palais. On compte dans les deux îles 450 habitants, tous parents les uns des autres et ne connaissant rien de notre vie moderne. Les hommes sont tous pêcheurs, les femmes travaillent aux champs ; bien peu parlent le français, ils ont conservé leur jargon breton.

Les produits de la pêche appartiennent à la communauté tout entière ; il en est de même de l'exploitation des terres cultivées. C'est en somme un vrai phalanstère et l'application du communisme de Cabet et Pierre Leroux. L'administration de l'île est confiée au Recteur ; un conseil de 12 vieillards lui est adjoint, et dans certaines circonstances la population tout entière est appelée à voter. Une coutume curieuse : les mariages ont lieu une fois par an, tous sont célébrés le même jour et sont l'occasion de fêtes prolongées, de repas, de danses et de chansons fort pittoresques. Tous les frais sont en commun. Voilà des gens heureux : pas de fonctionnaires, pas de chemin de fer, pas de routes, pas de soldats, pas d'obligations sociales, une paix, une quiétude complète, absolue.

Nous voilà en vue de Belle-Ile ; nous apercevons la côte sombre et dentelée qui se profile à l'horizon, et bientôt très distinctement le Palais et la Citadelle. A 10 heures nous entrons dans le port; nous débarquons rapidement et nous nous mettons en quête de notre déjeuner ; les hôtels ont été prévenus de notre arrivée; aussi nous trouvons une bonne table bien servie, à l'hôtel de France. Nous ne nous attardons pas à table et à 11 heures nous commençons la visite de la ville. Bâtie en amphithéâtre, elle est entourée d'une double enceinte de remparts ; ses rues sont propres et bien entretenues. Nous montons la rue des Ormeaux sous un véritable dôme de verdure, une double rangée d'arbres magnifiques procure une fraîcheur qui facilite la montée assez longue de cette rue ; nous arrivons à la porte Vauban d'où la vue s'étend sur la rade, une partie de la ville et sur la citadelle.

Belle-Ile-en-Mer. — La Citadelle.

Belle-Ile est à 18 kilomètres de Quiberon ; traversée une heure ; sa longueur est de 18 kilomètres sur 5 à 10 de large ; elle est reliée au continent par un câble sous-marin. Le Palais est la commune la plus importante de l'île, la résidence qui convient le mieux aux familles par ses ressources de toutes sortes. Chef-lieu de canton de 5.000 habitants, place de guerre, port de guerre et de commerce, le Palais est dominé par la citadelle construite par Vauban. Elle est occupée par un bataillon d'infanterie. Nous passons devant et nous allons visiter la colonie maritime et agricole qui est adossée à la citadelle. Il y a 400 enfants et c'est fort curieux à visiter.

Cette colonie où on forme des agriculteurs et des marins était, jusqu'en 1875, une prison d'Etat où étaient rigoureusement gardés les détenus politiques. On nous montre les cellules où ils étaient enfermés et le préau, toujours nommé Préau Blanqui, où ils avaient le droit de se promener 2 heures par jour. Mon cœur se serre et mes yeux se mouillent de grosses larmes en pensant que mes deux oncles avaient passé là plusieurs années de leur vie. Mon oncle Fayolle fut condamné le 13 novembre 1849 à la déportation dans une enceinte fortifiée, par la Haute-Cour de Versailles ; il était réprésentant du peuple, et avait été arrêté le 13 juin aux Arts-et-Métiers. Son frère Sommeras avait été jugé et condamné par la cour de Riom pour un mouvement similaire connu dans notre pays sous le nom de « Brande des Mottes ». C'étaient des Républicains ardents et convaincus, ils ont payé de leur fortune, de leur liberté, et je puis dire de leur vie (car non seulement ils l'ont risquée bien des fois, mais ils sont morts jeunes relativement, eux qui étaient bâtis en colosses pour vivre 100 ans), la sincérité de leurs opinions.

Il me semble que je les vois là, devant moi, ces deux grands beaux hommes, au cœur si largement ouvert à tous, à la main toujours tendue soit pour serrer celle d'un ami, soit pour secourir un malheureux. Mon père est venu plusieurs fois les voir à Belle-Ile, un vrai voyage au beau temps des diligences et des bateaux; pauvre père, si bon, si excellent, ce qu'il souffrait de voir ses deux frères enfermés comme des criminels; mais aussi quelle joie pour les pauvres prisonniers! Tous ces souvenirs m'envahissent; il me semble que j'accomplis un véritable pèlerinage, et je revis par la pensée ces temps tristes et lointains. Ils sont morts tous les trois; mais ils vivront toujours dans mon souvenir et dans mon cœur.

J'ai besoin de changer de place; nous redescendons par le village de Rozerières où se trouve le château de Fouquet ; il n'y a rien à y voir. Nous arrivons à la Saline, c'est l'arrière-bassin où sont établis les chantiers de construction pour la marine. Ce vaste bassin est entouré de très beaux arbres. Sur la rive droite de la Saline nous admirons l'Hôpital, fondé par la femme du surintendant Fouquet, 1650.

Pour rentrer en ville nous suivons les quais du bassin à flot, et nous prenons une voiture pour visiter l'île. Nous avons 4 heures à dépenser; nous arrivons en une demi heure à Sauzon, petit port naturel signalé par un phare à feu rouge fixe, 1650 habitants, fabrique de conserves alimentaires; nous ne faisons que passer et nous continuons jusqu'à la pointe des Poulains (3 k. N.-O. de Sauzon), extrémité de Belle-Ile; c'est un promontoire escarpé dont les rochers affectent des formes bizarres et d'où part une succession de baies, de grottes, de rochers énormes qui, par leurs formes variées et leur hauteur, rappellent les fiords de Norwège. En deçà de la coupure s'élèvent plusieurs petits fortins déclassés. Sarah Bernhart a fait l'acquisition de l'un d'eux et l'avait aménagé pour y passer la belle saison. On comprendra cette fantaisie de la grande artiste quand on saura que le climat de l'île est très doux; la température exceptionnelle permet aux plantes exotiques, telles que le figuier, l'oranger, le grenadier, d'y venir en pleine terre. Les pâturages y sont excellents et le rendement du blé et des légumes est suffisant, non seulement pour la consommation des habitants, mais encore pour en permettre l'exportation. Nous allons, toujours en voiture, jusqu'à la Grotte de l'Apothicaire, et nous descendons pour la visiter. Placée dans un énorme rocher, elle est accessible à toute heure; des marches creusées dans le roc facilitent notre descente; c'est une immense arcade naturelle, une sorte de tunnel qui s'ouvre et prend jour à ses deux extrémités; un petit sentier sur un des flancs permet de la parcourir d'un bout à l'autre; par les gros temps la mer s'y engouffre, et alors il ne serait pas possible de s'y aventurer sans danger. Autrefois les cormorans y avaient établi leur demeure, et leurs nids étaient placés avec une telle symétrie que l'intérieur de la grotte ressemblait à l'officine d'un apothicaire, de là son nom.

Nous avons, à notre sortie de la Grotte, le spectacle grandiose de la mer sauvage; elle déferle sur les rochers avec une telle force, une telle fureur, qu'elle dénude leur sommet, élevé pourtant de 50 mètres au moins au-dessus du niveau de la mer.

Nous aurions encore bien des choses à voir, mais l'heure nous presse; il faudrait au moins deux ou trois jours pour bien visiter l'île. Les fervents de la pédale peuvent s'en donner ici : les routes sont parfaites, très bien entretenues et pas accidentées.

Il est 3 heures et demie quand nous revenons au Palais; nous avons le temps de nous restaurer un brin dans un café, sur le port, et quand nous entendons la sirène nous appeler, nous sommes à deux pas de l'embarcadère et nous embarquons des premiers. A 4 heures nous dérapons; le temps est toujours très beau, notre voyage sans incident, pas de malade, il faudrait y mettre de la bonne volonté, j'ai été plus secoué sur le lac de Genève. Nous passons tout près de Houat et avec une lunette on distingue les habitants qui circulent dans l'île; nous voici bientôt en vue du Croisic; nous tournons ensuite la pointe de Peuchâteau; nous sommes dans la baie, et à 7 heures sonnant nous débarquons dans l'étier du Pouliguen; nous grimpons dans le break de l'Hôtel qui est venu nous attendre et à 8 heures nous sommes installés dans la belle salle à manger de Sainte-Marguerite, racontant notre excursion à ceux qui sont restés, tout en dînant. Je ne suis pas fatigué du tout, néanmoins après un tour sur le boulevard de la plage, je vais me coucher, car nous partons demain en excursion pour trois jours. Nous devons visiter Auray, Vannes, et Saint-Gildas de Ruy; nous allons en chemin de fer bien entendu.

6 Septembre, Mercredi.

A 4 heures et demie le réveil inflexible, qui n'écoute aucune plainte, aucune réclamation, nous oblige à nous lever par son bruit agaçant. Une fois debout, çà va bien, vite on s'habille, une bonne tasse de café, et en route pour Pornichet ; nous arrivons à temps pour prendre le train de 6 heures 17 ; à Savenay, nous changeons de wagon.

Nous arrivons à Auray vers 9 heures et demie ; la gare est à 2 bons kilomètres ; nous les faisons à pied pour nous dérouiller les jambes ; nous aurons le temps de visiter la ville avant le déjeuner. Nous suivons une belle route ombragée qui nous conduit sur la place de la mairie ; nous y admirons les vieilles halles contiguës à la mairie, surmontées d'un beffroi ; de là nous allons sur la promenade du Loc où se trouve un belvédère en pierre formé de trois tours carrées, superposées et surmontées d'une croix (1720). On a une très belle vue sur le Loc et sur la vallée ; nous descendons, par un sentier en lacets, sur les bords de la rivière, et après l'avoir traversée nous arrivons à la place Saint-Gustave où nous admirons de vieilles maisons du XVe siècle, avec des façades garnies d'ardoises et des poutres sculptées ; c'est d'un effet très curieux. Par une rue à pente très raide, nous sommes à l'église Saint Gonstan (XVIe siècle) ; elle a été reconstruite en partie et ne présente rien de bien intéressant ; nous rentrons sur la place de la Mairie en passant sous une arche qui supporte la route de Vannes.

Auray est un chef-lieu de canton de 6.500 habitants qui attire l'attention par son cachet antique ; c'est de plus le point de départ de nombreuses et intéressantes excursions.

Nous allons déjeuner à l'Hôtel du Pavillon où on est fort bien traité ; nous partons à midi pour excursionner, et montons dans une voiture attelée d'un tout petit cheval breton, plein de feu et de vigueur et conduite par un gars breton, coiffé d'un chapeau de paille entouré d'un large ruban de velours noir dont les deux bouts lui retombent sur les épaules, coiffure nationale ici.

Nous traversons la voie du chemin de fer et nous entrons dans un bois de chênes, nous voilà devant la Chartreuse (2 kilomètres d'Auray). Nous sonnons à la grille, et une religieuse à cornette blanche, vêtue de bure grise, nous introduit et nous accompagne dans la visite. Cette ancienne Chartreuse est aujourd'hui une institution de sourdes-muettes dirigée par les sœurs de la Sagesse ; en face de la grille d'entrée, une chapelle, au-dessus du petit portique cette inscription : La France en pleurs a élevé ce monument ; dans l'intérieur (13 m. sur 9), un mausolée en marbre blanc qui recouvre un caveau funéraire, au fond duquel on aperçoit, à la lueur d'une lanterne suspendue à une corde, des ossements. Ce sont ceux des prisonniers royalistes passés par les armes après la catastrophe de Quiberon, et ce monument fut élevé par la Duchesse d'Angoulême en 1823. Le reste de la Chartreuse est peu intéressant :

des réfectoires, des cuisines, des vastes jardins, des salles de travail et des dortoirs.

Nous remontons en voiture et en quelques minutes nous arrivons au Champ des Martyrs ; c'est un champ enclos de murs où l'herbe pousse à volonté, de chaque côté de grands arbres ; un silence de mort pèse sur ce lieu sinistre ; à l'extrémité une chapelle de style grec précédée d'un portique, au-dessus de la porte d'entrée une inscription : Hic Ceciderant. L'intérieur de la Chapelle est absolument nu, pas une inscription, pas une gravure, rien qui rappelle le drame terrible qui s'est passé là il y a un siècle (1795).

Nous quittons ce lieu funèbre et remontons en voiture ; nous allons à Notre-Dame d'Auray. La route est parfaite et notre petit cheval breton s'en va sur la bonne patte, il est de ceux qui méprisent la terre ; nous sommes bientôt en vue et nous apercevons la flèche de l'église; nous nous arrêtons pour visiter le monument du Comte de Chambord, enclos de murs, érigé en 1891. La statue est en bronze, le comte de Chambord est à genoux, il est couvert du manteau royal à fleurs de lys ; à ses pieds le sceptre et la couronne ; aux quatre angles du soubassement, les statues de Bayard, Duguesclin, Sainte Geneviève et Jeanne d'Arc; ce monument est en face la basilique, à 200 mètres environ.

Nous sommes dans le village : à notre droite la Scala Santa, édifice surmonté d'une coupole sous laquelle il y a un autel, la messe peut être entendue de 20.000 personnes ; on y accède par deux escaliers latéraux, que les pélerins gravissent à genoux. Un peu plus loin, la fontaine miraculeuse, surmontée de la statue de la Sainte. Nous sommes devant la Basilique, reconstruite en 1873 dans un style renaissance ; c'est une œuvre d'art d'un aspect sévère; elle s'élève sur une esplanade et fait face à l'enceinte de la Scala Santa; elle est dominée par une haute tour à flèche surmontée d'une statue colossale de Sainte Anne.

L'intérieur est imposant, les vitraux retracent l'histoire du pélerinage depuis la fondation jusqu'à nos jours; de très belles peintures ; les murs sont tapissés d'ex-voto dont quelques-uns sont vraiment d'une propreté douteuse; ce sont des linges de corps de malades; il y a aussi d'humbles tableaux naïvement et grossièrement faits qui redisent des choses touchantes; nous allons visiter le trésor : ce sont des reliques de Sainte Anne données par de hauts personnages, la châsse et les ornements qui servent dans les processions, des ciboires, des calices, des couronnes ; enfin une quantité de dons précieux; il y a là une fortune, et une grosse.

En sortant de l'Eglise, nous sommes assaillis par les marchandes d'objets de piété dont les magasins sont sur l'esplanade. Nous ne savons vraiment pas à laquelle nous adresser; elles sont toutes fort gentilles et animées du très grand désir de nous voir venir à leur boutique ; nous piquons droit devant nous, résolument, et nous sommes très bien accueillis par celle que le hazard a favorisée ; les autres ne sont pas contentes et leurs mines si engageantes sont renfrognées. Nous faisons vite quelques emplettes et nous partons pour la gare, 3 kilomètres environ ; nous arrivons bien à temps pour prendre l'express qui nous amène à Vannes à 5 heures ; la gare est surmontée d'une statue de Sainte Anne. Nous descendons à l'Hôtel du Dauphin, où nous dînons fort bien et nous nous couchons de bonne heure.

7 septembre, Jeudi.

Il fait très beau. Nous nous levons à 6 heures; après un petit déjeuner, pris rapidement, nous allons visiter la ville. 23.000 habitants, chef-lieu du Morbihan, à 15 kil. de l'Océan et à la source de la petite rivière de Vannes, qui forme un port et débouche dans le golfe du Morbihan. La ville se divise en deux parties bien distinctes. La vieille ville entourée encore en partie de son enceinte fortifiée, et la ville moderne qui forme autour des remparts une ceinture de faubourgs très importants.

Notre hôtel est à côté de la Mairie, bel édifice moderne auquel on accède par un large perron en pierre. La salle des fêtes est très richement décorée ; la bibliothèque et le musée sont très intéressants à voir. En face de l'hôtel, le collège communal de Saint Noël, fondé en 1577. De là, nous allons à la cathédrale, du Xe siècle, reconstruite en partie au XVe siècle. On y voit des mausolées, des tombeaux, des bas-reliefs et des tableaux dignes d'attirer l'attention.

En sortant de la cathédrale nous passons dans de vieilles rues étroites, où nous admirons d'antiques demeures, les unes avec des inscriptions latines, d'autres avec des animaux fantastiques ; nous sortons de l'enceinte par la porte-Poterne et nous allons nous ballader sous les allées ombreuses de la promenade de la Garenne, nous pouvons admirer la partie des remparts la mieux conservée, la Tour du Connétable, où fut enfermé Olivier de Clisson en 1385, les courtines à machicoulis et les larges fossés. Nous allons jusqu'au port et rentrons en ville par la porte Saint-Vincent, surmontée des armes de la ville de Vannes (une hermine). Il y aurait encore bien des choses à voir, mais nous sommes pressés par le temps.

Nous déjeunons à 10 heures, et à 11 heures sonnant nous montons en voiture ; nous avons deux bons chevaux et nous espérons bien faire en 2 heures et demie les 30 kilomètres qui nous séparent de Saint-Gildas ; la route est bonne et agréable à l'œil, nous avons la vue du golfe du Morbihan à notre droite ; nous traversons les villages de Noyalo, Saint-Armel et Saint-Colombier qui se trouvent à l'extrémité du golfe du Morbihan et à l'entrée de la presqu'île de Rhuis.

A 1 heure nous arrivons à Sanzeau, chef-lieu de canton de

5000 habitants, célèbre par la douceur de son climat : les aloès, les grenadiers, les figuiers, etc., etc, y viennent en pleine terre. Nous nous arrêtons quelques minutes pour laisser souffler les chevaux et nous rafraîchir un brin, car il fait chaud, très chaud. Nous partons à la demie pour arriver à 2 heures ; la route est toute droite et en plaine (6 kil.), nous descendons chez les sœurs de Saint-Louis qui tiennent un véritable hôtel, nous prenons possession de nos chambres, très simples, mais très propres, et nous allons nous promener, nous avons le temps car le dîner qui est à 6 heures.

Le jardin est superbe, une végétation luxuriante ; à l'extrémité une terrasse d'où on a une vue très belle : on distingue Belle-Isle, Houat, le Croisic, Bourg de Batz et Guérande, pour un peu nous verrions notre chère Sainte-Marguerite, que nous avons quittée depuis deux jours et qu'il nous tarde de revoir. La mer est à 500 mètres du couvent, il n'y a pas de plage, mais des rochers ; en suivant la falaise, vers l'Ouest, on arrive au Sémaphore (le Grand Mont), et de là on aperçoit Quiberon.

Nous rentrons par l'intérieur du village, 1200 habitants, aucune ressource, la mer sauvage, brrr.. ! J'en ai froid dans le dos en y pensant. Nous rentrons au couvent pour l'heure du dîner. On est servi par une vieille sœur à cornette blanche ; la nourriture est très frugale, le vin est en plus ; on cause peu, bref c'est glacial ; à 7 heures nous allons faire un tour en fumant une cigarette et nous réintégrons nos chambres. Nous sommes d'accord pour convenir que le séjour manque de gaieté, l'ensemble est sérieux, pas de plage et une falaise dangereuse, la mer sauvage dans toute sa beauté ; pour moi ça ne suffit pas.

8 Septembre, Vendredi.

Après une journée si bien remplie, nous dormons parfaitement et c'est la cloche qui nous réveille ; il est 5 heures et demie, nous nous levons et allons dans le réfectoire prendre un premier déjeuner, une tasse d'excellent lait avec du pain ; nous allons de nouveau visiter le magnifique jardin du Couvent et nous sortons pour explorer un peu les environs ; nous suivons la côte vers l'Est, et à cinq cents mètres environ nous arrivons sur une petite plage, Port-Maria ; on peut s'y baigner, mais quelle différence avec Ste-Marguerite ; beaucoup de galets, de rochers et un sable gris noir, çà ne me dit rien ; nous revenons dans le village, rien de curieux, en somme c'est un endroit tranquille, trop tranquille, qui convient aux personnes âgées, aux femmes seules, et pour moi je considère comme une pénitence un séjour prolongé à St-Gildas ; aussi nous nous empressons de nous mettre à la recherche d'une voiture ; nous avons la chance d'en trouver une qui a amené des voyageurs ce matin et nous emmènera après déjeuner.

Nous quittons sans regret ce lieu austère. Nous refaisons la route de Vannes, et à 3 heures nous repartons pour Ste-Marguerite, où nous arrivons à 9 heures du soir, bien contents de retrouver notre jolie plage et notre confortable installation. On jouit mieux des bonnes choses quand on en a été privé. J'ai souvent apprécié cette vérité dans ma vie militaire.

Samedi, 9 Septembre.

Nous prenons un repos bien gagné, et le soleil qui nous sonne le réveil est le bienvenu ; nous revoyons avec une vraie joie la jolie terrasse de l'hôtel, où nous prenons notre premier déjeuner, avec la vue de la mer et des bateaux pêcheurs qui la sillonnent ; nous allons passer la matinée sur la plage, et nous la trouvons encore plus jolie et plus agréable comparée à celles que nous avons vues.

Après le déjeuner nous allons nous promener jusqu'à Sainte-Marie, et revenons par le bois de pins. A 5 heures nous sommes sur la plage, c'est l'heure du bain et c'est très animé, les intrépides s'en vont au large, les enfants et les craintifs ne lâchent pas la corde et le brave Sibille (c'est le maître nageur de l'Hôtel) que j'ai surnommé l'Amiral, surveille tout ce petit monde, tout en donnant sa leçon à un débutant ; c'est un spectacle très curieux, très varié, avec un cadre superbe.

J'ai le très grand plaisir de faire la connaissance d'un parisien fort aimable, M. Coutant, avocat, secrétaire à la rédaction du *Peuple français*. Nous causons des événements. Malheureusement il part demain et me laissera le regret de l'avoir à peine entrevu.

Pendant le cours du dîner, le maître d'hôtel vient me dire à l'oreille que Dreyfus a été condamné, il l'a appris à Saint-Nazaire d'où il arrive. Cette nouvelle ne me surprend pas et j'étais bien décidé à m'incliner devant le jugement du Conseil de guerre. Depuis plus de deux ans cette malheureuse affaire nous a paralysés, nous a rendus indifférents et comme étrangers à tout ce qui n'est pas elle. Le conseil de guerre a rendu son arrêt, il n'y a qu'à s'y soumettre. La France a été trop longtemps troublée, agitée par cette triste affaire, elle a le droit d'exiger un peu de repos ; que ce soit fini, cette fois, bien fini, et qu'on n'en parle plus. C'est le souhait sincère de tous les Français.

10 Septembre, Dimanche.

Nous avons des invités à recevoir aujourd'hui, ma cousine Louise Buache et son mari, je vais les chercher à la gare, au train de 10 heures ; ils arrivent de St-Nazaire où ils habitent, et c'est une grande joie pour nous de les avoir une journée avec nous. Nous déjeunons sur la terrasse de l'hôtel, puis nous leur faisons les honneurs de notre plage et du bois de pins, qu'ils admirent beaucoup. Ils nous quittent à 5 heures pour rentrer à St-Nazaire, et nous sommes très heureux de cette bonne journée passée en famille.

Le soir, après dîner, nous nous trouvons tout désemparés et nous allons nous coucher ; il faut prendre un bon repos, car demain nous allons à Noirmoutiers.

Lundi, 11 Septembre.

Je me lève à 5 heures et vais consulter le temps ; il n'est pas brillant, noir à l'Est et au Sud, c'est peu engageant ; mais je n'aime pas me recoucher une fois debout, je m'en vais réveiller les personnes qui devaient m'accompagner : refus formel sur toute la ligne : « il fera mauvais, le temps n'est pas sûr, la mer sera mauvaise, ce sera pour une autre fois ». Je reste seul ; eh bien ! j'irai seul, voilà tout ; mais c'est égal, c'est ennuyeux, quand on se promettait une partie à quatre, de se trouver seul. Je pars bravement à pied pour Pornichet. J'arrive à 6 heures et demie au garage du Decauville, je vais m'installer au café en face et me garnir un peu l'estomac avant d'embarquer ; nous partons à 7 heures et nous voyons passer le bateau de St-Nazaire qui va nous embarquer au Pouliguen. Nous ne récoltons que peu de voyageurs sur le parcours et j'arrive bien à temps pour m'embarquer sur l'*Abeille*, dont la sirène pousse des cris stridents et prolongés pour appeler les retardataires. Nous dérapons à 8 heures juste ; nous ne serons pas gênés à bord, 25 passagers seulement, pas de quoi payer le charbon ; c'est dommage vraiment, le temps est magnifique, pas trop chaud, la mer parfaite, un temps rêvé.

Le bateau n'est pas chargé, aussi il file rapidement et sans secousse, nous pouvons admirer le magnifique panorama qui se déroule sous nos yeux : la Baule avec ses chalets qui ressemblent à des jouets d'enfants, le bois d'Amour, le Casino, Pornichet, la plage de Bonne-Source. Nous voilà en face de Sainte-Marguerite, 5 à 6 kilomètres environ. Je distingue très bien la plage et l'Hôtel. Je sens bien que ceux que j'aime sont là, sur la terrasse, qu'ils regardent passer le bateau et que les enfants crient : Voilà papa ! Ils me voient avec les yeux du cœur, et moi aussi, les chers amours.

Nous arrivons en face l'embouchure de la Loire ; nous passons devant la pointe de Chémoulin, surmontée de son sémaphore; voilà les fumées de Saint-Nazaire. Nous arrivons à hauteur de la rive gauche de la Loire. Saint-Brévins, la pointe de Saint-Gildas et nous passons très en vue de Préfailles, jolie petite plage très suivie des Nantais. Un peu plus au Sud, Pornic se profile à l'horizon ; mais nous apercevons la côte de Noirmoutiers, qui se présente sous l'aspect d'une masse sombre, due au bois de la Chaise qui borde la côte ; nous voyons bientôt très distinctement la jolie plage de Souzeaux, bordée de villas très coquettes et nous arrivons à la plage des Dames, où nous débarquons sur l'estacade ; il est exactement 10 heures. Très jolie, cette plage, avec ses cabines proprettes, alignées comme des soldats au port d'armes.

Nous débarquons en pleine forêt et passons sous un dôme de verdure. Cette végétation au bord de la mer est chose rare et, je crois, unique en son genre. La côte Nord-Est de Noirmoutiers est bordée par une forêt de chênes-verts et de pins, arbres séculaires dont le pied est baigné par la mer à marée haute.

Nous allons nous installer sur la terrasse du Chêne-Vert où nous déjeunons fort gaiement et très convenablement à un prix modéré, nous avons la mer en face de nous, elle est très calme, nous aperçons la côte de France. A 11 heures arrive le bâteau de Pornic, une centaine de joyeux touristes en débarquent, les uns enfourchent leurs bicyclettes et filent dans les allées du bois de la Chaise, d'autres se contentent des ânes qui, au nombre de 50 au moins, attendent des cavaliers, d'autres s'entassent dans des voitures. Le marchand de journaux vient nous offrir le *Petit Journal* et le *Petit Parisien.*

Nous partons en voiture à 11 heures et demie pour aller visiter l'île, nous traversons le bois de la Chaise composé de pins et de beaux chênes-verts, dans toute sa longueur, par une très belle et très bonne route ombragée, de très jolies villas, très élégantes à droite et à gauche ; en 20 minutes nous sommes à Noirmoutiers ville : de petites maisons très propres, blanchies à la chaux, un calme complet ; l'église est remarquable, une crypte sous le chœur du 7e siècle, 10 mètres de long sur 5 de large, dans lequel on remarque le tombeau de saint Philibert, moine bénédictin, le saint du pays ; en face l'église, le château, construction rectangulaire avec des tourelles aux angles, entouré d'un mur très élevé avec des fossés larges et profonds. Il sert aujourd'hui d'arsenal, et dans l'une des tours se trouve un télégraphe aérien qui correspond avec l'île d'Yeu et la pointe de Chémoulin près de Saint-Nazaire.

En sortant du château nous avons devant nous le port de Noirmoutiers, peu important. Nous traversons la ville pour aller à la pointe de l'Herbaudière, 20 minutes environ. A droite et à gauche, quelques terrains cultivés et des marais-salants ; au loin, çà et là des meules de sel brillent au soleil. C'est là le revenu principal des habitants de l'île. Ces marais-salants, protégés par des dunes et des digues et au-dessous des plus hautes marées, sont situés au centre de l'île,

Noirmoutiers a 18 kilomètres de longueur sur 6 kilomètres dans sa plus grande largeur et 2 kilomètres dans la moindre. Le climat est très doux, très tempéré; la chasse y est ouverte toute l'année et sans permis, — heureux habitants ! — il est vrai que comme gibier il n'y a que des lapins, des grives, des canards sauvages, quelques bécasses, mais ni lièvres, ni perdreaux, ni chevreuils.

La population de l'île est répartie en deux communes, en tout 7.500 habitants, arrondissement des Sables-d'Olonne, département de la Vendée ; le député est M. Baudry d'Asson, très aimé et très populaire dans l'île. L'affaire Dreyfus a laissé très froids, très indifférents tous ces braves gens ; ils ont appris hier la condamnation, et le conducteur de notre véhicule me demande « si on va le faire travailler, puisqu'il est en prison, pour gagner au moins sa nourriture ». Pour ces braves gens le travail c'est tout, chez eux tout le monde travaille, les femmes, les enfants, les vieux, les jeunes, tous sans exception.

Nous arrivons à la Herbaudière, une fabrique de conserves de sardines ; des douaniers et quelques maisons, un petit port et une énorme jetée de 500 mètres de long qui protège l'île contre les envahissements de la mer. Par les gros temps les flots s'y brisent avec tant de fureur que les embruns couvrent la plage. Nous revenons à Noirmoutiers que nous traversons de nouveau et nous prenons une autre route dans le bois de la Chaise, qui nous conduit à la jolie petite plage de Soulzeau, une miniature de plage, avec un sable fin et doré, et de ravissantes villas, Ker Margared, Sainte-Claire, Saint-Luc, Les Mouettes, Les Clématites, Saint-Pierre, Saint-Robert ; après avoir admiré ce joli coin, nous errons un moment dans le bois de la Chaise, nous rencontrons d'élégantes villas, entourées de jolis jardins, à l'instar des environs de Paris.

Nous voilà revenus au Chêne-Vert, où nous nous installons

pour attendre le départ. Nous avons sous les yeux la mer, la côte de France, Pornic qui se profile à l'horizon, baigné par les rayons du soleil, une dizaine de baigneurs s'ébattent sur la plage, et notre bateau se balance devant l'estacade, c'est un panorama splendide et d'un calme absolu; il n'y a pas ici l'animation de la Baule et du Pouliguen, c'est un genre tout différent, mais qui a bien son charme.

A 4 heures juste la sirène de l'*Abeille* nous appelle par un cri strident et prolongé ; les vingt-sept voyageurs du matin sont tous présents et s'embarquent sans encombre; nous filons rapidement; en arrivant à hauteur de l'embouchure de la Loire, nous sommes fortement secoués, un roulis et un tangage très forts, çà ne dure que quelques minutes heureusement, mais çà suffit pour que deux dames soient très malades. Nous arrivons exactement à 7 heures au Pouliguen, et à 8 heures et demie j'arrive à Ste-Marguerite, très content de ma journée et surtout de retrouver tout mon monde qui me fait fête.

12 Septembre, Mardi.

Nous faisons nos préparatifs de départ, car c'est demain que nous quittons notre jolie plage où nous espérons bien venir l'an prochain. Nous allons faire quelques visites à nos amis des villas et nous passons notre soirée sur la plage pour dire un adieu ou plutôt un au revoir à cette mer qui nous charme tous.

13 Septembre, Mercredi.

Nous partons par le train de midi et demi et nous arrivons à Tours vers 7 heures, après avoir dîné dans le wagon-restaurant, à la grande joie des enfants; on y est fort bien dans ces wagons-restaurant, à des prix très convenables, tous nos compliments à la Compagnie d'Orléans. Nous devons coucher à Tours et, en attendant l'heure, nous allons nous promener par la rue Nationale jusqu'à la Loire. Nous avons le très grand plaisir de rencontrer le lieutenant-colonel de Talanci du 8e cuirassiers, mon ancien commandant du 10e chasseurs, nous passons quelques instants ensemble, très heureux de nous revoir et de causer des camarades.

14 Septembre, Jeudi.

Nous partons à 6 heures et demie du matin et, après un arrêt de 2 heures à Châteauroux où nous déjeunons, nous arrivons à Montluçon à 1 heure et demie, pas fatigués du tout, tous très bien portants et tout disposés à repartir. Les enfants racontent tous les deux à la fois les beautés de la mer et les incidents du voyage à leur grand'mère qui ne sait lequel entendre. Ces vingt jours ont passé comme un rêve, ils nous laisseront à tous un souvenir sain, agréable, et un désir de retourner là-bas, sur cette jolie plage de Sainte-Marguerite.

En terminant, je tiens à remercier Madame Simon et M. Simon, Ingénieur à l'usine St-Jacques, qui les premiers ont découvert la plage Sainte-Marguerite et nous l'ont fait connaître, c'était en 1895, l'hôtel venait de s'ouvrir, il était donc peu fréquenté.

Depuis nous avons été fidèles à notre jolie plage. Mon beau-frère M. Bayard, ingénieur à Paris, est venu y passer deux saisons de suite avec sa femme et ses enfants, pour nous, c'était charmant de nous retrouver ainsi en famille. Nos amis Balleydier y ont passé la saison 1898. Nous avons fait ensemble de fort agréables excursions. Nous comptons bien y retourner encore, et nous serons très heureux d'y retrouver tous les gens aimables que nous avons connus.

Commandant FARGIN-FAYOLLE.

Montluçon, février 1900.

Imprimerie Herbin, Montluçon.

www.ingramcontent.com/pod-product-compliance
Ingram Content Group UK Ltd.
Pitfield, Milton Keynes, MK11 3LW, UK
UKHW020217200726
13856UKWH00004B/1458

9 782013 045193